# Smart Abnehmen
## Rezepte für den Thermomix

### Vorwort

In unserem Buch Smart Abnehmen finden Sie viele leckere Rezepte für den Thermomix. Mit unseren vielseitigen Gerichten können Sie beim Abnehmen ohne großen Aufwand ganz leicht punkten.
Wir haben eine bunte Auswahl von Suppen, Salaten und Hauptgerichten aber auch Frühstück, Snacks sowie Desserts für Sie zusammengestellt. Selbstverständlich sind alle Rezepte detailliert beschrieben, mit Bild und natürlich mit Nährwertangaben versehen.

Viel Erfolg beim Abnehmen wünscht Ihnen das dagomix-Team

Wenn in Rezepten als Stufe z.B. 3.5 für den TM 5 angegeben ist, entspricht dies Stufe 3–4 für den TM 31.
Gegebenenfalls abweichende Temperaturangaben für den TM 31 finden Sie in den Rezepten jeweils in Klammern.

# Inhaltsverzeichnis

## Frühstück

| | |
|---|---|
| Birchermüsli im Glas | 4 |
| Kornstangen | 5 |
| Erdbeer-Bananen-Oat | 6 |
| Quarkbrötchen | 8 |
| Brötchen mit Lachsschinken-Rucola-Creme | 9 |
| Buntes Rührei to go | 10 |

## Suppen

| | |
|---|---|
| Paprikasuppe mit Frikadellenspieß | 12 |
| Gyrossuppe | 14 |
| Zucchinisuppe mit Hähnchenkassler | 16 |
| Gnocchi-Frischkäse-Suppe | 18 |
| Gemüse-Hackfleisch-Suppe | 20 |
| Pichelsteiner Eintopf | 22 |
| Tomatensuppe mit Hähnchenkugeln | 24 |

## Snacks

| | |
|---|---|
| Gefüllte Champignons | 26 |
| Überbackene Bruschetta | 27 |
| Thunfisch-Möhren-Wrap | 28 |
| Gemüsemuffins | 29 |
| Brokkolinuggets | 30 |

## Salate

| | |
|---|---|
| Chinesischer Nudelsalat | 31 |
| Leichter Kartoffelsalat | 32 |
| Bunter Nudelsalat | 34 |
| Antipastisalat | 36 |
| Bohnen-Tomaten-Salat mit Thunfisch | 38 |
| Melonen-Feta-Salat | 40 |

## Hauptgerichte

| | |
|---|---:|
| Lachs mit Dillsauce | 42 |
| Fischfrikadellen mit Selleriepüree | 44 |
| Zucchini-Fisch-Lasagne | 46 |
| Möhrenrisotto mit Garnelen | 48 |
| Spaghetti mit Lauch-Lachs-Sauce | 49 |
| Putengulasch mit Nudeln | 50 |
| Ofennudeln mit Gemüse | 52 |
| Barbecueburger | 54 |
| Filetgeschnetzeltes mit Eierspätzle | 56 |
| Zucchini-Reis-Torte | 58 |
| Dinkelflammkuchen | 60 |
| Putencurry mit Blumenkohl | 62 |
| Bologneseauflauf | 64 |
| Germknödel | 66 |
| Gerollter Ofenpfannkuchen mit Zimtquark | 68 |

## Desserts

| | |
|---|---:|
| Ofenstrudel mit Birnen | 70 |
| Weiche Nougathappen | 72 |
| Waldmeister im Glas | 73 |
| Bodenloser Bananen-Käsekuchen | 74 |
| Fluffiger Grießbrei mit Beeren | 76 |
| Russischbrot-Beeren-Quark | 78 |
| Bananen-Nougat-Creme | 79 |

# Birchermüsli im Glas

**6** pro Glas

### Zutaten für 8 Gläser a´ 230 ml

| | |
|---|---|
| 20 g | Mandeln |
| 2 | große Äpfel, entkernt u. geviertelt |
| 450 g | Milch, 1,5% |
| 5 g | Honig |
| 500 g | Joghurt, 0,1% |
| 200 g | Haferflocken, kernige |
| 1 El | Zitronensaft |

## Zubereitung

> Mandeln in den Mixtopf geben, **10 Sek./Stufe 7** zerkleinern und umfüllen.
> Äpfel in den Mixtopf geben, **3 Sek./Stufe 5** zerkleinern.
> Restliche Zutaten sowie die Mandeln zufügen, **20 Sek./LL/Stufe 3** vermengen.
> Das Müsli in Gläser füllen und bis zum Verzehr im Kühlschrank aufbewahren.

*Tipp* Das Müsli hält sich im Kühlschrank gut verschlossenen mehrere Tage.

Nährwerte/Glas: 180 kcal | EW 8,25 g | F 16,26 g | KH 13,43 g

# Kornstangen

**5** pro Stück

**Zutaten für ca. 6 Stück**

| | |
|---|---|
| 170 g | Wasser, lauwarm |
| 1 P. | Hefe, trocken |
| 5 g | Honig |
| 100 g | Dinkelmehl, 630er |
| 100 g | Weizenvollkornmehl |
| 50 g | Roggenmehl, 1150er |
| 5 g | Sesam |
| 15 g | Leinsamen |
| 5 g | Sonnenblumenkerne |
| 5 g | Blaumohn |
| 1 Tl | Salz |

zusätzlich

| | |
|---|---|
| 1 El | Mehl, flach |

## Zubereitung

› Alle Zutaten in den Mixtopf geben, **3 Min./Teigstufe** kneten.
› Das Mehl am Rand in den Mixtopf streuen, **3 Sek./Teigstufe** kneten.
› Den klebrigen Teig auf eine ganz leicht bemehlte Fläche geben und in 6 Teile teilen.
› Jedes Stück zu einem ovalen Fladen ausrollen und von der langen Seite her einrollen.
› Die Kornstangen auf ein mit Backpapier ausgelegtes Backblech legen und zugedeckt ca. 30 Minuten gehen lassen.
› Den Backofen auf **220°C Ober-/Unterhitze** vorheizen, die Kornstangen währenddessen zugedeckt nochmals gehen lassen und dann für **ca. 20–22 Minuten** backen.

Nährwerte/Stück: 170 kcal | EW 6,32 g | F 2,84 g | KH 29,43 g

# Erdbeer-Bananen-Oat

**8** pro Portion

### Zutaten für 1 Portion

| | |
|---|---|
| 1 | Banane, (ca. 100 g) |
| 50 g | Milch, 1,5% |
| 40 g | Haferflocken, kernige |
| 120 g | Erdbeeren, frisch |
| 100 g | Magerquark, 0,3% absolut |
| 1 P. | Vanillezucker |

### Zubereitung

› Banane in Stücken zusammen mit der Milch in den Mixtopf geben und **10 Sek./Stufe 5** zerkleinern.
› Bananenmilch runterschieben, Haferflocken zufügen und mit dem Spatel vermengen.
› Die Bananenmilch in ein verschließbares Glas (ca. 400 ml) umfüllen.
› Die Hälfte der Erdbeeren zusammen mit dem Quark und dem Vanillezucker in den sauberen Mixtopf geben, **10 Sek./Stufe 5** zerkleinern.
› Restliche Erdbeeren in kleine Stücke schneiden.
› Den Quark mit dem Spatel runterschieben, die Erdbeerstücke zufügen und mit dem Spatel vermengen.
› Den Erdbeerquark löffelweise auf die Bananenmilch füllen und das Glas verschlossen über Nacht in den Kühlschrank stellen.

*Tipp* *Lässt sich prima auf 2 Gläser bzw. Portionen verteilen und eignet sich dann auch gut als kleine Zwischenmahlzeit.*

Nährwerte/Portion: 457 kcal | EW 21,53 g | F 25,87 g | KH 53,52 g

# Quarkbrötchen

**4** pro Stück

### Zutaten für 6 Stück

| | |
|---|---|
| 100 g | Weizenvollkornmehl |
| 50 g | Weizenmehl, 405er |
| 1 Tl | Backpulver |
| 1 Tl | Salz, flach |
| 230 g | Magerquark, 0,3% |
| 1 | Ei, Gr. M |
| 30 g | Chiasamen |

### Zubereitung

> Backofen auf **170°C Umluft** vorheizen.
> Alle Zutaten in den Mixtopf geben, **30 Sek./Teigstufe** vermengen.
> Den klebrigen Teig in eine Schale umfüllen und kurz ruhen lassen.
> Aus dem Teig mit feuchten Händen 6 Brötchen formen und auf ein mit Backpapier ausgelegtes Blech legen.
> Die Brötchen in **ca. 20 – 25 Minuten** goldbraun backen.

Nährwerte/Stück: 150 kcal | EW 9,44 g | F 3,72 g | KH 19,59 g

# Brötchen mit Lachsschinken-Rucola-Creme

**7** pro Stück

### Zutaten für 3 Stück

| | |
|---|---|
| 40 g | Rucola, grob entstielt |
| 100 g | Lachsschinken, in Scheiben |
| 200 g | Frischkäse, 0,2% Fett |
| ½ Tl | Pfeffer |
| ¼ Tl | Paprika, edelsüß |

zusätzlich

| | |
|---|---|
| 3 | Vollkornbrötchen (je 80 g) |
| 3 | große Blätter Salat |
| 3 | Tomaten, in Scheiben |

## Zubereitung

> Rucola und Lachsschinken in den Mixtopf geben, **5 Sek./Stufe 6** zerkleinern.
> Restliche Zutaten zufügen, **15 Sek./Stufe 2.5** vermischen.
> Die Brötchen aufschneiden und mit dem Salatblatt belegen.
> Zuerst die Creme und dann die Tomatenscheiben darauf geben.

Nährwerte/Stück: 249 kcal | EW 19,59 g | F 2,93 g | KH 35,08 g

# Buntes Rührei to go

**5** pro Glas

### Zutaten für 4 Gläser a´ 230ml

| | |
|---|---|
| 40 g | Parmesan, in Stücken |
| 90 g | frische Champignons, halbiert |
| 90 g | Paprika, klein gewürfelt |
| 5 | Eier |
| 80 g | Milch |
| 50 g | Katenschinkenwürfel, mager |
| 2 | Lauchzwiebeln, in Ringen |
| ½ Tl | Salz |
| ¼ Tl | Pfeffer |
| ¼ Tl | Paprika, edelsüß |

zusätzlich

1000 g Wasser

### Zubereitung

> Parmesan in den Mixtopf geben, **6 Sek./Stufe 8** reiben.
> Champignons zufügen, **3 Sek./Stufe 4** zerkleinern.
> Restliche Zutaten ebenfalls zugeben, **10 Sek./LL/Stufe 3** vermengen.
> Die Eimasse in 4 Gläser einfüllen und diese in den Varoma stellen.
> Wasser in den Mixtopf geben, Varoma aufsetzen und **30 Min./Varoma/Stufe 2** stocken lassen.
> Das Rührei noch warm servieren oder die Gläser sofort verschließen und nach dem Auskühlen im Kühlschrank aufbewahren.

*Tipp* Das Rührei lässt sich toll als Frühstück mit ins Büro nehmen und schmeckt am besten, wenn man es nochmals kurz erwärmt.

Nährwerte/Glas: 188 kcal | EW 16,58 g | F 11,67 g | KH 4,00 g

# Paprikasuppe mit frikadellenspieß

**6** pro Portion

## Zutaten für 4 Portionen

Frikadellen

| | |
|---|---|
| 1 | Schalotte |
| 1 | Knoblauchzehe |
| 400 g | Tatar |
| 20 g | Semmelbrösel |
| 20 g | Senf, mittelscharf |
| 1 Tl | Salz, flach |
| ½ Tl | Pfeffer |
| 2 Msp. | Chilipulver |

Paprikasuppe

| | |
|---|---|
| 160 g | Gemüsezwiebel, in Stücken |
| 5 g | Öl |
| 650 g | rote Paprika, in Stücken |
| 450 g | Wasser |
| 200 g | Milch, 1,5% |
| 15 g | Gemüsebrühe, Instant |
| 1 Tl | Salz |
| ½ Tl | Pfeffer |
| 80 g | Schmelzkäse, 9% Fett |
| 100 g | Kräuterfrischkäse, 0,2% Fett |
| 2 Msp. | Muskat |
| 40 g | Weizenmehl |

## Zubereitung

Frikadellen

- Schalotte und Knoblauch über die Deckelöffnung **3 Sek./Stufe 6** auf das laufende Messer fallen lassen.
- Restliche Zutaten zufügen, **1 Min./Teigstufe** vermengen.
- Aus dem Tatar 20 kleine Frikadellen formen, immer 5 Stück auf ein Holzstäbchen spießen und in den Varoma Einlegeboden legen.

Paprikasuppe

- Gemüsezwiebeln in den Mixtopf geben, **3 Sek./Stufe 5** zerkleinern.
- Öl zufügen, **2:30 Min./120°C (Varoma)/Stufe 1** dünsten.
- Paprika zufügen, **5 Sek./Stufe 5** zerkleinern.
- Wasser, Milch, Brühe und Salz zufügen.
- Varoma Einlegeboden in den Varoma einsetzen, den Varoma aufsetzen und **18 Min./Varoma/Stufe 2** garen.
- Varoma abnehmen und beiseitestellen.
- Restliche Zutaten, ausgenommen Mehl, in den Mixtopf zufügen, **2 Min./100°C/Stufe 2** kochen.
- Mehl zugeben und die Suppe **20 Sek./Stufe 4–8 aufsteigend** mit dem MB pürieren.
- Die Suppe zusammen mit den Spießen servieren.

Nährwerte/Portion: 386 kcal | EW 34,08 g | F 14,43 g | KH 28,81 g

# Gyrossuppe

**7** pro Portion

## Zutaten für 4 Portionen

Fleisch (einige Stunden marinieren)

| | |
|---|---|
| 350 g | Gemüsezwiebeln, in Stücken |
| 1 | Knoblauchzehe |
| 350 g | Schweinefilet, in Streifen |
| 4 Tl | Gyrosgewürz |
| 2 El | Öl |

Gyrossuppe

| | |
|---|---|
| 300 g | Kartoffeln, geschält in Stücken |
| 300 g | gemischte Paprika, in Stücken |

| | |
|---|---|
| 20 g | Mehl |
| 60 g | Tomatenmark |
| 1½ Tl | Salz |
| 1 Tl | Pfeffer, flach |
| 1 Tl | Paprika, edelsüß |
| 500 g | Wasser |
| 20 g | Gemüsebrühe, Instant |

zusätzlich

| | |
|---|---|
| 100 g | Crème légère, mit Kräutern |

## Zubereitung

Fleisch

- Gemüsezwiebeln und Knoblauch in den Mixtopf geben, **4 Sek./Stufe 5** zerkleinern.
- Fleisch, Gewürz und Öl zufügen, **1 Min./LL/Stufe 2** vermengen.
- Das Fleisch in eine Schale umfüllen und für mehrere Stunden oder über Nacht marinieren.

Gyrossuppe

- Kartoffeln und Paprika in den Mixtopf geben, **3 Sek./Stufe 5** zerkleinern und umfüllen.
- Fleischmischung in den Mixtopf geben, **3 Min./120°C (Varoma)/LL/SRS** dünsten.
- Mehl und Tomatenmark zufügen, **2 Min./120°C (Varoma)/LL/SRS** mitdünsten.
- Gemüsemischung sowie die restlichen Zutaten zufügen und mit dem Spatel vermengen, **25 Min./100°C/LL/SRS** kochen.
- Crème légère zugeben, mit dem Spatel etwas vermengen und **1 Min./100°C/LL/SRS** fertig garen.
- Die Suppe nach Belieben dekoriert servieren.

*Hinweis* Bitte beachten sie, dass beim TM31 der Mixtopf sehr voll ist. Verwenden Sie hier nur 200 g Paprika und 400 g Wasser. Füllen Sie die Suppe um und geben sie dann erst die Crème légère dazu.

Nährwerte/Portion: 300 kcal | EW 25,32 g | F 9,04 g | KH 27,63 g

# Zucchinisuppe mit Hähnchenkassler

**2** pro Portion

## Zutaten für 4 Portionen

| | |
|---|---|
| 80 g | Zwiebeln, in Stücken |
| 1 | Knoblauchzehe |
| 5 g | Olivenöl |
| 400 g | Zucchini, in Stücken |
| 400 g | Wasser |
| 1½ Tl | Gemüsebrühe, Instant |
| 1 Tl | Salz, flach |
| 130 g | Frischkäse, 0,2% Fett |
| 2 El | Petersilie, grob gehackt |
| ½ Tl | Pfeffer |
| ¼ Tl | Currypulver |

zusätzlich

| | |
|---|---|
| 200 g | Hähnchenkassler, in kleinen Würfeln |
| 4 Tl | Schmand |

## Zubereitung

> Zwiebeln und Knoblauch in den Mixtopf geben, **4 Sek./Stufe 5** zerkleinern.
> Olivenöl zufügen, **2:30 Min./120°C (Varoma)/Stufe 1** dünsten.
> Zucchini zugeben, **5 Sek./Stufe 5** zerkleinern.
> Wasser, Brühepulver und Salz zugeben, **8 Min./100°C/Stufe 1** kochen.
> Frischkäse, Petersilie, Pfeffer und Currypulver zufügen, **4 Min./100°C/Stufe 1** fertig kochen.
> Die Suppe **15 Sek./Stufe 10** mit dem MB pürieren.
> Die Suppe in Teller füllen, Hähnchenwürfel zugeben und zusammen mit dem Schmand servieren.

*Tipp* Wenn Sie daraus 2 Portionen machen, reicht die Menge auch als Hauptgericht aus.

# Gnocchi-Frischkäse-Suppe

**8** pro Portion

## Zutaten für 4 Portionen

| | | | |
|---|---|---|---|
| 1 | Zwiebel, in Stücken | 1 El | Kräuter der Provence, getrocknet |
| 700 g | Wasser | 10 g | Honig |
| 1½ El | Gemüsebrühe, Instant | ½ Tl | Salz |
| 550 g | Kaisergemüse (TK) | 1 Tl | Paprika, edelsüß |
| ½ Tl | Kräutersalz | ½ Tl | Pfeffer |
| 400 g | Gnocchi (FP), Kühltheke | | |
| 250 g | Frischkäse | | |
| 40 g | Mehl | | |

zusätzlich
300 g   Schinken, gewürfelt

## Zubereitung

› Zwiebel in den Mixtopf geben, **3 Sek./Stufe 5** zerkleinern.
› Wasser und Brühe zufügen.
› Gemüse im Varoma verteilen und mit dem Kräutersalz bestreuen.
› Gnocchi im Einlegeboden verteilen und in den Varoma einsetzen.
› Varoma aufsetzen, **20 Min./100°C/Stufe 1.5** garen.
› Varoma abnehmen und Gemüse sowie Gnocchi in eine Schale umfüllen.
› Restliche Zutaten in den Mixtopf zufügen, **20 Sek./Stufe 8** zerkleinern.
› Schinken zugeben und **2 Min./100°C/LL/Stufe 1** erhitzen.
› Die Suppe zu dem Gemüse und den Gnocchi geben und vermengen.

# Gemüse-Hackfleisch-Suppe

**6** pro Portion

## Zutaten für 5 Portionen

| | | | |
|---|---|---|---|
| 140 g | Zwiebeln, in Stücken | zusätzlich | |
| 5 g | Öl | 600 g | Tatar |
| 330 g | Kartoffeln, in Stücken | 1 Tl | Öl |
| 350 g | Möhren, in Stücken | 1 Tl | Paprikapulver, edelsüß |
| 1000 g | Wasser | 1 Tl | Salz |
| 2 Tl | Gemüsebrühe, gehäuft (Instant) | | |
| 1 St. | Lauch, in Ringe geschnitten | | |
| 200 g | Schmelzkäse, 9% Fett | | |

## Zubereitung

> Zwiebeln in den Mixtopf geben, **5 Sek./Stufe 5** zerkleinern.
> Öl zufügen, **2:30 Min./120°C/Stufe 1** dünsten.
> Kartoffeln und Möhren zugeben, **4 Sek./Stufe 5** zerkleinern.
> Wasser und Brühe zufügen, **12 Min./100°C/LL/Stufe 2** kochen.
> Währenddessen das Hackfleisch in einer heißen Pfanne mit dem Öl krümelig braten und würzen.
> Lauchringe zu der Suppe zufügen, **12 Min./90°C/LL/Stufe 2** kochen.
> Schmelzkäse zugeben, **3 Min./90°C/LL/Stufe 2** fertig kochen.
> Hackfleisch zu der Suppe in den vollen Mixtopf geben und vorsichtig mit dem Spatel vermengen.

*Hinweis* Beim TM 31 ist der Mixtopf sehr voll. Die Suppe am besten umfüllen und dann erst das Hackfleisch dazugeben.

Nährwerte/Portion: 324 kcal | EW 35,27 g | F 11,43 g | KH 19,29 g

# Pichelsteiner Eintopf

**4** pro Portion

## Zutaten für 4 Portionen

| | | | |
|---|---|---|---|
| 150 g | Zwiebeln, in Stücken | 1 Tl | Pfeffer, flach |
| 1 Tl | Öl | ¼ Tl | Rosmarin, gemahlen |
| 200 g | Kartoffeln, in Stücken | ¼ Tl | Liebstöckelpulver |
| 200 g | Knollensellerie, in Stücken | 400 g | Kassler, mager |
| 200 g | Kohlrabi, in Stücken | | in ca. 2 x 2 cm Stücken |
| 800 g | Wasser | 180 g | Brechbohnen, in Stücken |
| 15 g | gekörnte Brühe, Instant | 200 g | Möhren, in Scheiben |
| 1 Tl | Salz | zusätzlich | |
| 200 g | Rinderhüftsteak, in ca. 2 x 2 cm Stücken | 2 El | Petersilie, gehackt |

## Zubereitung

> Zwiebeln in den Mixtopf geben, **5 Sek./Stufe 5** zerkleinern.
> Öl zufügen, **3 Min./Varoma/Stufe 1** dünsten.
> Kartoffeln, Sellerie und Kohlrabi zufügen, **4 Sek./Stufe 5** zerkleinern.
> Wasser, Brühe und Salz zugeben, **10 Min./100°C/LL/Stufe 1** kochen.
> Hüfte und Gewürze in den Mixtopf zufügen.
> Kassler auf dem Einlegeboden verteilen und Brechbohnen sowie Möhren in den Varoma geben.
> Varoma samt Einlegeboden aufsetzen, **30 Min./Varoma/LL/Stufe 1** kochen.
> Alle Zutaten in eine Schale umfüllen, Petersilie zugeben und vermengen.

# Tomatensuppe mit Hähnchenkugeln

**2** pro Portion

## Zutaten für 4 Personen

**Hähnchenkugeln**

| | |
|---|---|
| 550 g | Hähnchenbrustfilet, in Stücken |
| 1 Tl | Salz |
| ½ Tl | Pfeffer |
| ½ Tl | Paprikapulver, edelsüß |
| 5 g | Petersilie, entstielt |

**Suppe**

| | |
|---|---|
| 80 g | Zwiebeln, in Stücken |
| 1 | Knoblauchzehe |
| 5 g | Öl |
| 500 g | Tomaten, passiert |
| 5 g | Zucker |
| 400 g | Wasser |
| 1 Tl | Salz |
| 1½ Tl | Gemüsebrühe, Instant |

**zusätzlich**

| | |
|---|---|
| ½ Tl | Thymian, getrocknet |
| ½ Tl | Oregano, getrocknet |
| ½ Tl | Pfeffer |
| 140 g | Frischkäse |

## Zubereitung

**Hähnchenkugeln**
- Alle Zutaten in den Mixtopf geben, **15 Sek./Stufe 8** zerkleinern.
- Aus der Masse 16 gleich große Kugeln formen und im Varoma verteilen.

**Suppe**
- Zwiebeln und Knoblauch in den Mixtopf geben, **3 Sek./Stufe 5** zerkleinern.
- Öl zufügen und **2:30 Min./120°C (Varoma)/Stufe 1** dünsten.
- Restliche Zutaten zufügen, Varoma aufsetzen und **16 Min./Varoma/Stufe 2** garen.
- Varoma abnehmen, Kräuter, Pfeffer und Frischkäse in den Mixtopf dazugeben, Varoma aufsetzen und **2 Min./Varoma/Stufe 2** fertig garen.
- Varoma abnehmen und beiseitestellen.
- Die Suppe mit MB **15 Sek./Stufe 10** pürieren.
- Die Suppe zusammen mit den Hähnchenkugeln anrichten und nach Belieben dekoriert servieren.

Nährwerte/Portion: 395 kcal | EW 33,19 g | F 25,90 g | KH 7,20 g

# Gefüllte Champignons

**1** pro Stück

### Zutaten für 15 Stück

| | |
|---|---|
| 15 | Champignons, groß |
| 1 | Schalotte |
| 125 g | Mozzarella, light 8,5% Fett, halbiert |
| 75 g | magerer Katenschinken, gewürfelt |
| 40 g | Kräuterfrischkäse, 0,2% Fett |
| 1 Tl | Kräuter der Provence |
| ½ Tl | Paprikapulver, edelsüß |
| ½ Tl | Pfeffer |

### Zubereitung

› Backofen auf **200°C Ober-/Unterhitze** vorheizen.
› Champignons entstielen und die Köpfe auf ein mit Backpapier ausgelegtes Blech legen.
› Die Stiele zusammen mit der Schalotte und dem Mozzarella in den Mixtopf geben, **5 Sek./Stufe 5** zerkleinern.
› Restliche Zutaten zufügen, **10 Sek./LL/Stufe 3** vermengen.
› Die Füllung in die Champignonköpfe geben und für **ca. 20 Minuten** im Backofen backen.

*Tipp* Schmecken gut als Snack zwischendurch oder zu einem gemischten Salat.

Nährwerte/Stück: 25 kcal | EW 3,49 g | F 1,05 g | KH 0,38 g

# Überbackene Bruschetta

**2** pro Stück

### Zutaten für 12 Stück

| | |
|---|---|
| 250 g | Tomaten, geviertelt und entkernt |
| 20 g | Basilikum, frisch |
| 125 g | Balsamico Creme |
| 125 g | Mozzarella, 30% Fett in Stücken |

zusätzlich

| | |
|---|---|
| 150 g | Ciabatta zum Aufbacken, in 12 schmalen Scheiben |

frisches Basilikum, in Streifen geschnitten

### Zubereitung

› Ofen auf **200°C Umluft** vorheizen.
› Alle Zutaten der Reihenfolge nach in den Mixtopf geben, **3 Sek./Stufe 5** zerkleinern.
› Die Ciabattascheiben auf ein mit Backpapier ausgelegtes Blech legen und die Bruschetta darauf verteilen.
› Die Bruschetta für **ca. 8–12 Minuten** im Ofen überbacken und mit etwas Basilikum bestreut servieren.

*Tipp* *Zusammen mit einem leichten Salat ergibt es ein tolles Hauptgericht.*

Nährwerte/Stück: 99 kcal | EW 3,28 g | F 2,68 g | KH 14,90 g

# Thunfisch-Möhren-Wrap

**5** pro Stück

### Zutaten für 4 Stück

| | |
|---|---|
| 120 g | Möhren, in Stücken |
| 200 g | Kräuterfrischkäse, 0,2% Fett |
| 1 | Dose Thunfisch im eigenen Saft, abgetropft |
| 1 Tl | Salz, flach |
| ¼ Tl | Currypulver, flach |
| etwas Pfeffer | |

zusätzlich

| | |
|---|---|
| 4 | Tortilla Wraps, je 40 g |
| 4 | Tomaten, klein in Scheiben |
| 12 | Scheiben Salatgurke |
| 8 | kleine Salatblätter |

### Zubereitung

> Möhren in den Mixtopf geben, **4 Sek./Stufe 5** zerkleinern.
> Restliche Zutaten zufügen, **15 Sek./LL/Stufe 3** vermengen.
> Die Füllung in eine Schale umfüllen.
> Die Wraps nach Packungsangabe kurz erwärmen.
> Auf jeden Wrap den Salat legen, die Füllung mittig verteilen und Gurken sowie Tomaten darauflegen.
> Den Wrap von unten ein Stück einklappen und dann einrollen.
> Umwickeln Sie den unteren Teil mit Aluflolie oder Butterbrotpapier.

*Tipp* Lässt sich gut vorbereiten und mitnehmen.

Nährwerte/Stück: 216 kcal | EW 17,91 g | F 3,41 g | KH 8,75 g

# Gemüsemuffins

**2** pro Stück

### Zutaten für 12 Stück

| | |
|---|---|
| 220 g | Zucchini, längs halbiert in Stücken |
| 2 | Lauchzwiebeln, in 2 cm Stücken |
| 150 g | Kochschinken (mager), in Scheiben, geviertelt |
| 150 g | Paprika, in kleinen Würfeln |
| 120 g | Magerquark, 0,3% Fett |
| 2 El | geriebener Gouda, 30% Fett |
| 150 g | Mehl |
| 1 | Ei |
| 1 Tl | Backpulver, gehäuft |
| 1 Tl | Salz |
| ½ Tl | Pfeffer |
| 1 Tl | Paprikapulver, edelsüß |

zusätzlich

| | |
|---|---|
| ½ Tl | Öl zum Einpinseln |

## Zubereitung

> Backofen auf **180°C Ober-/Unterhitze** vorheizen.
> Zucchini, Lauchzwiebeln und Schinken in den Mixtopf geben, **3 Sek./Stufe 5** zerkleinern.
> Restliche Zutaten zufügen, **20 Sek./LL/Stufe 3** vermengen.
> Eine Muffinform mit 12 Mulden mit dem Öl auspinseln und den Teig darin verteilen.
> Die Muffins für **ca. 30–35 Minuten** backen.

*Tipp* *Die Muffins schmecken warm oder kalt als Beilage oder als Snack zwischendurch.*

Nährwerte/Stück: 88 kcal | EW 6,27 g | F 1,86 g | KH 11,14 g

# Brokkolinuggets

**1** pro Stück

### Zutaten für 16 Stück

| | |
|---|---|
| 500 g | Wasser |
| 1 Tl | Salz |
| 300 g | Brokkoli, in Röschen |
| 1 | Zwiebel, in Stücken |
| 100 g | geriebener Käse, 30% Fett |
| 250 g | Magerquark, 0,3% Fett |
| 1 | Ei |
| 30 g | Mehl |
| 1 Tl | Kräutersalz, flach |
| 1 Prise | Muskatnuss |

### Zubereitung

> Wasser und Salz in den Mixtopf geben.
> Garkörbchen einhängen und Brokkoli einfüllen, **15 Min./Varoma/Stufe 1.5** garen.
> Backofen auf **180°C Ober-/Unterhitze** vorheizen.
> Garkörbchen aushängen und Mixtopf reinigen.
> Brokkoli auf Küchenkrepp legen und etwas trockentupfen.
> Zwiebeln und Brokkoli in den Mixtopf geben, **3 Sek./Stufe 5** zerkleinern.
> Restliche Zutaten zufügen, **20 Sek./LL/Stufe 3** vermengen.
> Den Teig umfüllen und kurz quellen lassen.
> Mit Hilfe von 2 Esslöffeln 16 Nocken abstechen und auf ein mit Backpapier ausgelegtes Backblech setzen.
> Die Nuggets für **ca. 18–20 Minuten** backen.

*Tipp* Schmecken lecker als Snack zwischendurch oder als Beilage zu Fleisch.

Nährwerte/Stück: 48 kcal | EW 4,93 g | F 1,77 g | KH 2,79 g

# Chinesischer Nudelsalat

**7** pro Portion

### Zutaten für 4 Portionen

| | |
|---|---|
| 220 g | Spaghetti, trocken |
| 80 g | Zwiebeln, in Stücken |
| 200 g | Möhren, in Stücken |
| 1 El | Sesamöl |

**zusätzlich**

| | |
|---|---|
| 5 | Tomaten, gewürfelt |
| 1 Bd. | Lauchzwiebeln, in Ringe geschnitten |

**Sauce**

| | |
|---|---|
| 50 g | Sojasauce |
| 35 g | Balsamico, hell |
| 25 g | Zucker |
| 2½ Tl | Chinagewürz (FP) |
| ½ Tl | Salz |

### Zubereitung

› Nudeln nach Packungsangabe in einem Topf mit Salzwasser kochen, abseihen und abkühlen lassen.
› Zwiebeln und Möhren in den Mixtopf geben, **4 Sek./Stufe 5** zerkleinern.
› Öl zufügen, **3 Min./120°C (Varoma)/LL/Stufe 1** dünsten.
› Tomaten und Lauchzwiebeln in eine Schale geben und mit den Spaghetti vermengen.
› Saucenzutaten zu den Möhren in den Mixtopf geben, **15 Sek./LL/Stufe 2** vermengen.
› Die Sauce über die Nudeln geben und alles miteinander vermengen.
› Den Nudelsalat vor dem Servieren für 1–2 Stunden durchziehen lassen.

*Hinweis* Bei 6 Portionen sind es nur 5 pro Portion.

Nährwerte/Portion (4): 278 kcal | EW 8,84 g | F 2,24 g | KH 54,01 g

# Leichter Kartoffelsalat

**4** pro Portion

## Zutaten für 6 Portionen

| | | | |
|---|---|---|---|
| 1200 g | Wasser | | Dressing |
| 2 Tl | Salz | 250 g | Zwiebeln, rot |
| 900 g | Kartoffeln, mittelgroß ungeschält | 130 g | Miracle Whip, so leicht |
| | | 130 g | Joghurt, 0,1% Fett |
| 1 | Salatgurke | 3 Tl | Senf, mittelscharf |
| 1 Bd. | Radieschen | 50 g | Weißweinessig |
| | | 1 Tl | Salz |
| | | 1 Tl | Pfeffer, flach |
| | | 1 Tl | Paprika, edelsüß |

## Zubereitung

› Wasser und Salz in den Mixtopf geben, Garkörbchen einhängen und Kartoffeln einwiegen.
› Die Kartoffeln je nach Größe **ca. 35–45 Min./Varoma/Stufe 1** garen, ggf. anstechen und prüfen, ob sie gar sind.
› Kartoffeln aushängen, etwas abkühlen lassen und pellen.
› Salatgurke nach Belieben schälen, halbieren und entkernen.
› Die Gurke nochmals längs durchschneiden und in Scheiben schneiden.
› Die Gurkenstücke in das Garkörbchen geben, etwas salzen und ca. 30 Minuten entwässern.
› Radieschen halbieren und in Scheiben schneiden.

Dressing
› Zwiebeln in den Mixtopf geben, **4 Sek./Stufe 5** zerkleinern.
› Restliche Zutaten zufügen, **20 Sek./Stufe 3** vermengen.
› Kartoffeln halbieren bzw. vierteln und in Scheiben schneiden.
› Kartoffeln, Gurke und Radieschen in eine Schüssel geben, Dressing darüber geben und vermengen.
› Den Salat vor dem Servieren etwas durchziehen lassen.

*Tipp* Nach Belieben können Sie noch ein Bund Schnittlauch in feine Röllchen schneiden und dazu geben.

Nährwerte/Portion: 168 kcal | EW 5,29 g | F 1,58 g | KH 31,44 g

# Bunter Nudelsalat

**6** pro Portion

## Zutaten für 5 Portionen

| | |
|---|---|
| 1300 g | Wasser |
| 1½ Tl | Salz |
| 200 g | Farfalle, Vollkorn |
| 1 | Salatgurke, geschält u. längs halbiert |
| ½ Tl | Salz |

**Dressing**

| | |
|---|---|
| 1 | Schalotte, groß |
| 200 g | griechischer Joghurt, 2% |
| 30 g | Essig |
| ½ Tl | Salz |
| ½ Tl | Pfeffer |
| ½ Tl | Paprika, edelsüß |
| 20 g | Honig |

**zusätzlich**

| | |
|---|---|
| 1 | Paprika, orange in kl. Würfeln |
| 200 g | Cherrytomaten, gelb, rot u. orange halbiert |
| 5 St. | Lauchzwiebeln, in Ringen |
| 150 g | geräucherter Katenschinken, mager, gewürfelt |

## Zubereitung

› Wasser und Salz in den Mixtopf geben, **10 Min./100°C/Stufe 2** zum Kochen bringen.
› Nudeln zufügen, **15–18 Min./90°C/LL/SRS** bissfest garen (die Garzeit hängt von der Nudelsorte ab).
› Währenddessen die Gurke entkernen, nochmals längs durchschneiden und dann in schmale Stücke schneiden.
› Die Gurkenstücke in das Garkörbchen geben, salzen und ca. 30 Minuten entwässern.
› Nudeln über ein Sieb abgießen, kurz abschrecken und auskühlen lassen.

**Dressing**

› Schalotte halbieren und über die Deckelöffnung **3 Sek./Stufe 5** auf das laufende Messer fallen lassen.
› Die Schalotte mit dem Spatel runterschieben und nochmals **3 Sek./Stufe 5** zerkleinern.
› Restliche Zutaten zufügen, **10 Sek./Stufe 2** vermengen.
› Nudeln, klein geschnittene Zutaten und Katenschinken zusammen mit dem Dressing in einer Schale vermengen.

Nährwerte/Portion: 249 kcal | EW 14,37 g | F 3,81 g | KH 38,36 g

# Antipastisalat

**3** pro Portion

## Zutaten für 6 Portionen

| | | | |
|---|---|---|---|
| 200 g | Möhren, in Scheiben | 220 g | Wasser |
| 200 g | Fenchelknolle, in mundgerechten Stücken | 30 g | Olivenöl |
| | | 30 g | Balsamicoessig, hell |
| 180 g | Brokkoli, in Röschen | 30 g | Balsamicoessig, dunkel |
| 200 g | rote Paprika, in mundgerechten Stücken | 30 g | Tomatenmark |
| | | 30 g | Zucker |
| 200 g | Zucchini, in mundgerechten Stücken | 20 g | Balsamicocreme, dunkel |
| | | 1 Tl | Brühe (Instant), gehäuft |
| 200 g | Aubergine, in mundgerechten Stücken | ½ Tl | Salz |
| | | ½ Tl | Pfeffer |
| 2 | Knoblauchzehen | ¼ Tl | Chilipulver |
| 180 g | rote Zwiebeln, in Stücken | 1 El | Kräuter der Provence, getrocknet |
| 50 g | getr. Tomaten, ohne Öl | | |

## Zubereitung

> Möhren, Fenchel, Brokkoli und Paprika in den Varoma geben.
> Zucchini und Aubergine in den Varoma Einlegeboden geben.
> Knoblauchzehe, Zwiebeln und Tomaten in den Mixtopf füllen, **5 Sek./Stufe 7** zerkleinern.
> Restliche Zutaten zufügen, Varoma samt Einlegeboden aufsetzen und **25 Min./Varoma/Stufe 1** garen.
> Den Varoma abnehmen und das Gemüse gut abtropfen lassen.
> Das Gemüse in einer Schale mit der Sauce vermengen und warm oder kalt servieren.

*Tipp* Schmeckt super zum Grillen oder auch zu Hähnchenfilet.

Nährwerte/Portion: 163 kcal | EW 4,82 g | F 5,77 g | KH 21,15 g

# Bohnen-Tomaten-Salat mit Thunfisch

**3** pro Portion

### Zutaten für 4 Portionen

Bohnen
- 420 g   Brechbohnen, frisch
- 1500 g  Wasser
- 2 Tl    Salz
- 100 g   Kritharaki Nudeln

Dressing
- 150 g   rote Zwiebeln, in Stücken
- 10 g    Petersilie

- 10 g    Olivenöl
- 200 g   Tomaten, stückig (FP)
- 150 g   Thunfisch, im eigenen Saft (Dose)
- 50 g    Essig
- 1 Tl    Salz, flach
- ½ Tl    Oregano
- ½ Tl    Zucker
- ½ Tl    Pfeffer

### Zubereitung

› Bohnen in mundgerechten Stücken im Varoma verteilen.
› Wasser und Salz in den Mixtopf geben, Varoma aufsetzen und **20 Min./Varoma/Stufe 1** garen.
› Kritharaki Nudeln in den Mixtopf zum Garwasser hinzugeben und weitere **10 Min./Varoma/LL/Stufe 1** garen.
› Varoma abnehmen, Nudeln durch ein Sieb abgießen, zusammen mit den Bohnen in eine Schüssel umfüllen und etwas auskühlen lassen.

Dressing
› Zwiebeln und Petersilie in den Mixtopf geben, **5 Sek./Stufe 6** zerkleinern.
› Restliche Zutaten zufügen, **15 Sek./LL/Stufe 2** vermengen.
› Das Dressing mit den Bohnen und Nudeln vermengen und vor dem Servieren etwas ziehen lassen.

# Melonen-feta-Salat

**4** pro Portion

### Zutaten für 4 Portionen

| | | | |
|---|---|---|---|
| 800 g | Wassermelonenfruchtfleisch, ohne Kerne | 20 g | Honig |
| 1 | Salatgurke, geschält | ½ Tl | Salz |
| ½ Tl | Salz | ½ Tl | Pfeffer |
| | | 1 Msp. | Rosenpaprika, scharf |

**Dressing**

zusätzlich

- 80 g Rucola, entstielt
- 180 g Melonenfruchtfleisch, ohne Kerne
- 130 g griechischer Joghurt, 2%

180 g Feta light, gewürfelt

### Zubereitung

› Wassermelone in mundgerechte Stücke schneiden und in einem Nudelsieb etwas abtropfen lassen.
› Die Gurke längs halbieren, entkernen und in Scheiben schneiden.
› Die Scheiben salzen und für ca. 30–40 Minuten im Garkörbchen entwässern.

**Dressing**
› Rucola über die Deckelöffnung **10 Sek./Stufe 5** auf das laufende Messer fallen lassen.
› Rucola runterschieben, restliche Zutaten zufügen **10 Sek./Stufe 4** vermengen.
› Melone, Gurke und Feta in eine Schale geben.
› Das Dressing erst vor dem Servieren darüber gießen und vermengen.
› Den Salat am besten sofort frisch servieren.

Nährwerte/Portion: 229 kcal | EW 14,46 g | F 5,63 g | KH 27,97 g

# Lachs mit Dillsauce

**12** pro Portion

## Zutaten für 4 Portionen

| | | | |
|---|---|---|---|
| 1200 g | Wasser | | Sauce |
| 2 Tl | Gemüsebrühe | ½ | Zitrone, Saft davon |
| ½ Tl | Salz | 1 El | Zitronenabrieb |
| 300 g | Kartoffeln, geschält in mundgerechten Stücken | 2 El | Dill (TK) |
| | | 100 g | Milch, 1,5% |
| 250 g | Brokkoli, in Röschen | 100 g | Frischkäse, 0,2% |
| 350 g | Möhren, in Scheiben | 25 g | Mehl |
| 4 | Lachsfilets (TK), je 150 g | ¼ Tl | Pfeffer |
| ½ Tl | Pfeffer | ½ Tl | Salz |
| ½ | Zitrone, Saft davon | 1 Tl | Zucker |
| | | 2 Tl | Senf |

## Zubereitung

› Wasser, Brühe und Salz in den Mixtopf geben.
› Garkörbchen einhängen, Kartoffeln einfüllen und Möhren sowie Brokkoli im Varoma verteilen.
› Varoma Einlegeboden mit Backpapier auslegen, dabei die seitlichen Schlitze frei lassen.
› Lachs darauf legen, mit der Zitrone beträufeln und pfeffern.
› Varoma samt Einlegeboden aufsetzen, **27 Min./Varoma/Stufe 1** garen.
› Varoma abnehmen, Körbchen aushängen und den Varomainhalt sowie die Kartoffeln kurz warm halten.
› Garwasser umfüllen und 350 g davon wieder in den Mixtopf geben.
› Restliche Saucenzutaten zufügen, **3:30 Min./100°C/Stufe 3** erhitzen.
› Den Lachs zusammen mit den Kartoffeln, dem Gemüse und der Sauce servieren.

Nährwerte/Portion: 299 kcal | EW 35,45 g | F 3,57 g | KH 29,34 g

# Fischfrikadellen mit Selleriepüree

**9** pro Portion

**Zutaten für 4 Portionen**

Gurkensalat
- 1 Salatgurke, geschält
- 1½ Tl Salz
- 100 g Zwiebeln
- 50 g Saure Sahne, 10%
- 70 g Joghurt, 0,1%
- 25 g Essig
- 20 g Zucker
- ¼ Tl Pfeffer
- 1 El Dill (TK)

Fischfrikadellen
- 1 Schalotte
- 650 g Seelachsfilet, frisch in Stücken
- 1 Ei, Gr. M
- 50 g Semmelbrösel
- 10 g Senf, mittelscharf
- 1 Tl Salz
- ½ Tl Pfeffer
- 5 g Dill (TK)

Selleriepüree
- 600 g Sellerie, in Stücken
- 250 g Milch, 1,5%
- 50 g Kochsahne, 15%
- 20 g Halbfettbutter
- 20 g Mehl
- 2 Msp. Muskat

**Zubereitung**

Gurkensalat
- Salatgurke in dünne Scheiben schneiden oder hobeln, salzen und zum Ausweinen für mindestens 30 Min. in ein Sieb geben.
- Zwiebeln in den Mixtopf geben, **3 Sek./Stufe 6** zerkleinern, runterschieben und nochmals **3 Sek./Stufe 6** zerkleinern.
- Restliche Zutaten zufügen, **10 Sek./Stufe 3** vermischen und das Dressing umfüllen.

Fischfrikadellen
- Backofen auf **200°C Ober-/Unterhitze** vorheizen.
- Schalotte in den sauberen Mixtopf geben, **3 Sek./Stufe 5** zerkleinern.
- Restliche Zutaten zufügen, **30 Sek./Stufe 7** vermengen.
- Aus dem Fischbrät mit feuchten Händen 8 Frikadellen formen und auf ein mit Backpapier ausgelegtes Backblech legen.

Selleriepüree
- Sellerie, Milch und Sahne in den sauberen Mixtopf geben, **25 Min./100°C/Stufe 2–3** ohne MB kochen (Garkörbchen als Spritzschutz auf den Deckel stellen).
- Währenddessen die Frikadellen für **ca. 20–25 Minuten** im Backofen backen.
- Butter, Muskat und Mehl zu dem Püree zufügen, **10 Sek./Stufe 8** mit MB pürieren.
- Gurken trockentupfen und mit dem Dressing vermengen.
- Die Fischfrikadellen zusammen mit dem Püree und dem Salat servieren.

*Tipp* Sie können die Frikadellen natürlich auch in einer Pfanne braten.

Nährwerte/Portion: 416 kcal | EW 41,38 g | F 13,47 g | KH 30,05 g

# Zucchini-Fisch-Lasagne

**3** pro Portion

### Zutaten für 3 Portionen

| | | | |
|---|---|---|---|
| 2 | Zucchini, groß | 100 g | Wasser |
| 650 g | Seelachsfilet natur (TK), aufgetaut | 100 g | Milch |
| | | 1 Tl | Brühe, Instant |
| 4 | Tomaten, groß | 1 Tl | Salz, flach |
| etwas Salz und Pfeffer | | 2 Tl | Kräuter der Provence |
| | | ½ Tl | Pfeffer |

Sauce

| | | | |
|---|---|---|---|
| 100 g | Zwiebeln, in Stücken | 50 g | Crème légère |
| 1 | Knoblauchzehe | 10 g | Mehl |
| 5 g | Öl | | |
| 400 g | Tomaten, passiert | | |

zusätzlich

| | |
|---|---|
| 4 El | geriebener Gouda, 30% Fett |
| 90 g | Baguettebrot, in 9 Scheiben |

### Zubereitung

> Zucchini in Längsscheiben schneiden oder hobeln.
> Den Fisch etwas salzen und pfeffern und die Tomaten in Scheiben schneiden.
> Die Hälfte vom Fisch in eine Auflaufform legen, mit der Hälfte der Zucchini- und Tomatenscheiben belegen.
> Restlichen Fisch darauf legen, ebenso wieder Zucchini- und Tomatenscheiben.
> Backofen auf **200°C Ober-/Unterhitze** vorheizen.

Sauce

> Zwiebeln und Knoblauch in den Mixtopf geben, **5 Sek./Stufe 6** zerkleinern.
> Öl zufügen, **2 Min./120°C (Varoma)/Stufe 1** andünsten.
> Tomaten, Wasser, Milch, Brühe und Salz zufügen, **7 Min./100°C/Stufe 1** kochen.
> Restliche Zutaten zufügen, **10 Sek./Stufe 4** mit dem MB vermengen.
> Die Sauce in die Auflaufform gießen und mit dem Gouda bestreuen.
> Die Lasagne für **ca. 40 Minuten** im vorgeheizten Ofen backen und zusammen mit dem Baguette servieren.

Nährwerte/Portion: 502 kcal | EW 56,51 g | F 13,53 g | KH 35,82 g

# Möhrenrisotto mit Garnelen

**9** pro Portion

### Zutaten für 4 Portionen

| | |
|---|---|
| 50 g | Parmesan, in Stücken |
| 450 g | Möhren, in Stücken |
| 55 g | Schalotten |
| 10 g | Ingwer |
| 10 g | Olivenöl |
| 250 g | Risottoreis, trocken |
| 750 g | Wasser |
| 1½ Tl | Gemüsebrühe, Instant |
| 1 Tl | Salz |
| ½ Tl | Currypulver, flach |
| ¼ Tl | Pfeffer |

zusätzlich

| | |
|---|---|
| 200 g | Partygarnelen, gekocht (FP) |

### Zubereitung

> Parmesan in den Mixtopf geben, **7 Sek./Stufe 7** reiben und umfüllen.
> Möhren in den Mixtopf geben, **4 Sek./Stufe 6** reiben und umfüllen.
> Schalotten und Ingwer in den Mixtopf geben, **5 Sek./Stufe 5** zerkleinern.
> Die Schalotten runterschieben und nochmals **5 Sek./Stufe 5** zerkleinern.
> Öl zufügen und **2 Min./120°C (Varoma)/Stufe 1** dünsten.
> Risottoreis zufügen, **3 Min./120°C (Varoma)/LL/Stufe 1** mitdünsten.
> Möhren, Wasser, Brühe, Salz und Curry zugeben und mit dem Spatel etwas vermengen.
> Das Risotto **26 Min./90°C/LL/Stufe 1** ohne MB garen.
> Parmesan und Pfeffer zugeben und mit dem Spatel unterrühren.
> Garnelen kurz in einer Pfanne anbraten bzw. erhitzen und zusammen mit dem Risotto sofort servieren.

Nährwerte/Portion: 412 kcal | EW 19,45 g | F 63,99 g | KH 9,80 g

## Spaghetti mit Lauch-Lachs-Sauce

**12** pro Portion

### Zutaten für 4 Portionen

| | |
|---|---|
| 35 g | Schalotten |
| 2 St. | Lauch, mittlere in Scheiben |
| 10 g | Olivenöl |
| 300 g | Wasser |
| 200 g | Milch |
| 80 g | Kochsahne, 15% |
| 50 g | Frischkäse, 0,2% |
| 1 Tl | Gemüsebrühe, Instant |
| 1 Tl | Salz |
| ½ Tl | Pfeffer |
| ¼ Tl | Currypulver |
| ½ | Zitrone, Abrieb und Saft davon |
| 25 g | Mehl (mit wenig Wasser anrühren) |

zusätzlich

| | |
|---|---|
| 250 g | Spaghetti, trocken |
| 200 g | Räucherlachs, in Scheiben |

### Zubereitung

> Schalotten in den Mixtopf geben, **3 Sek./Stufe 5** zerkleinern.
> Lauch und Öl zufügen, **6 Min./Varoma/LL/Stufe 1** dünsten.
> Restliche Zutaten, ausgenommen Mehl, zufügen, **8 Min./100°C/LL/Stufe 1** kochen.
> Währenddessen die Spaghetti in einem Topf mit reichlich Salzwasser nach Packungsangabe bissfest kochen.
> Den Räucherlachs in Streifen schneiden.
> Angerührtes Mehl in den Mixtopf zufügen, **3 Min./100°C/LL/Stufe 1** weiter kochen.
> Lachs zufügen, **2 Min./100°C/LL/Stufe 1** fertig kochen.
> Die Nudeln in einer Schale mit der Sauce vermengen.

Nährwerte/Portion: 442 kcal | EW 23,25 g | F 14,16 g | KH 54,30 g

# Putengulasch mit Nudeln

**9** pro Portion

## Zutaten für 4 Portionen

Fleisch
- 700 g    Putenbrust, als Gulasch geschnitten
- 1 Tl     Salz
- 1 Tl     Pfeffer, flach
- 1 Tl     Paprika, edelsüß
- 5 g      Öl

Gulasch
- 250 g    Zwiebeln, in Stücken
- 10 g     Öl
- 300 g    gelbe u. rote Paprika, in mundgerechten Stücken
- 50 g     Tomatenmark
- 680 g    Wasser
- 2 Tl     Hühnerbrühe, Instant
- 150 g    Champignons, in Scheiben
- 30 g     Mehl
- 1 Tl     Paprikapulver, edelsüß
- 2 Msp.   Chilipulver
- 30 g     Frischkäse, 0,2% Fett

zusätzlich
- 200 g    Nudeln, trocken

## Zubereitung

Fleisch
› Putengulasch würzen und mit dem Öl in einer Pfanne anbraten.

Gulasch
› Zwiebeln in den Mixtopf geben, **5 Sek./Stufe 5** zerkleinern.
› Öl zufügen, **4 Min./120°C (Varoma)/Stufe 1** andünsten.
› Fleisch, Paprika, Tomatenmark, Wasser und Brühe zufügen, mit dem Spatel vermengen und **20 Min./100°C/LL/Stufe SRS** kochen.
› Champignons, Mehl, Gewürze und Frischkäse zufügen, mit dem Spatel vermengen und **8 Min./100°C/LL/Stufe SRS** fertig kochen.
› Währenddessen die Nudeln nach Packungsangabe kochen und zusammen mit dem Gulasch servieren.

Nährwerte/Portion: 375 kcal | EW 20,86 g | F 9,28 g | KH 50,92 g

# Ofennudeln mit Gemüse

**9** pro Portion

## Zutaten für 4 Portionen

| | | | | |
|---|---|---|---|---|
| 200 g | Penne | | 2 Tl | Gemüsebrühe |
| 1 | Zucchini, mittelgroß | | 1 Tl | Salz |
| 2 | Möhren, mittelgroß | | ½ Tl | Pfeffer |
| 60 g | Brokkoli, in Röschen | | 1 Tl | Basilikum, getr. |
| 1 | Zwiebel, in Stücken | | 1 Tl | Oregano, getr. |
| 1 | Knoblauchzehe | | 100 g | Frischkäse, 0,2% |
| 50 g | Tomaten, getr. ohne Öl | | 30 g | Schmelzkäse, 9% |
| 30 g | Tomatenmark | | 15 g | Mehl |
| 5 g | Öl | | | |
| 400 g | Wasser | | | |
| 300 g | Milch | | | |

zusätzlich

5 El    geriebener Käse, 30%

## Zubereitung

› Nudeln in eine Auflaufform geben und den Backofen auf **200°C Umluft** vorheizen.
› Zucchini längs halbieren, vierteln und in Scheiben oder Stücke schneiden.
› Möhren würfeln, zusammen mit dem Brokkoli und den Zucchini zu den Nudeln geben und etwas vermengen.
› Zwiebel, Knoblauch und Tomaten in den Mixtopf geben, **5 Sek./Stufe 7** zerkleinern.
› Tomatenmark und Öl zufügen, **2 Min./120°C (Varoma)/Stufe 1** dünsten.
› Restliche Zutaten zufügen, **7 Min./100°C/Stufe 2** kochen.
› Die Sauce über die Nudeln geben, mit Käse bestreuen und für **ca. 30 Minuten** im Backofen backen.

*Tipp* *Dazu schmeckt ein Blattsalat sehr lecker.*

# Barbecueburger

**11** pro Stück

## Zutaten für 5 Stück

**Burgerbuns**

| | |
|---|---|
| 10 g | Hefe, frisch |
| 70 g | Milch, 1,5% |
| 25 g | Halbfettbutter, 39% Fett |
| 50 g | Wasser |
| 1 Tl | Honig |
| 180 g | Weizenmehl, 405er |
| 50 g | Dinkelvollkornmehl |
| ¾ Tl | Salz |

zusätzlich

| | |
|---|---|
| 2 El | Milch, 1,5% |
| 2 Tl | Sesamkörner |

**Burgersauce**

| | |
|---|---|
| 1 | Zwiebel, in Stücken |
| 20 g | Tomatenmark |
| 50 g | Barbecuesauce, rauchig (FP) |
| 15 g | Senf |
| 3 | Spritzer Worcestersauce |
| 40 g | Crème légère |

**Burger**

| | |
|---|---|
| 750 g | Tatar |
| 80 g | Barbecuesauce, rauchig (FP) |
| ½ Tl | Salz |
| 1½ Tl | Steakpfeffer |

zusätzlich

| | |
|---|---|
| 10 | Scheiben Tomaten |
| 15 | Scheiben Gurken |
| 4 | Blätter Salat |
| 2 | Handvoll Rucola |

## Zubereitung

**Burgerbuns**
- Hefe, Milch, Butter, Wasser und Honig in den Mixtopf geben, **2 Min./37°C/Stufe 1** erwärmen.
- Restliche Zutaten zufügen, **3 Min./Teigstufe** kneten.
- Den leicht klebrigen Teig auf eine ganz leicht bemehlte Fläche geben und kurz ruhen lassen.
- Aus dem Teig 5 flache Burgerbuns formen, auf ein mit Backpapier ausgelegtes Blech legen und zugedeckt ca. 20–30 Minuten gehen lassen.
- Backofen auf **200°C Ober-/Unterhitze** vorheizen.
- Die Burgerbuns mit der Milch bestreichen und mit den Sesamkörnern bestreuen.
- Die Burgerbuns für **ca. 15–20 Minuten** goldgelb backen.

**Burgersauce**
- Zwiebeln in den Mixtopf geben, **3 Sek./Stufe 5** zerkleinern.
- Tomatenmark zufügen, **2 Min./100°C/Stufe 1** dünsten.
- Restliche Zutaten zufügen, **20 Sek./Stufe 3** vermengen, umfüllen und kalt stellen.

**Burger**
- Alle Zutaten in den Mixtopf geben, **1 Min./Teigstufe** vermengen.
- Aus dem Tatar 5 gleich große Burger formen und in einer beschichteten Pfanne ohne Öl braten.
- Die Burgerbuns mit Salat belegen, etwas Sauce und das Fleisch darauf geben. Anschließend den Rucola, nochmals Sauce und Gurken sowie Tomatenscheiben.

*Tipp* Sie können den Burger zum Servieren mit einem Holzstäbchen fixieren.

Nährwerte/Stück: 455 kcal | EW 41,75 g | F 11,61 g | KH 44,96 g

# Filetgeschnetzeltes mit Eierspätzle

**10** pro Portion

### Zutaten für 4 Portionen

| | | | |
|---|---|---|---|
| 550 g | Schweinefilet, als Geschnetzeltes | 1 Tl | Gemüsebrühe, gehäuft |
| 3 El | Sojasauce | 1 Tl | Salz |
| 150 g | Zwiebeln, in Stücken | 2 El | Tomatenmark |
| 10 g | Öl | 2 El | Mehl |
| 550 g | Zucchini | 150 g | Cremefine, 7 % |
| ½ Tl | Kräutersalz | ¼ Tl | Pfeffer |
| 400 g | Champignons, geviertelt | | |
| 400 g | Wasser | | |

zusätzlich

500 g  Frische Eierknöpfle (FP), Kühltheke

### Zubereitung

> Fleisch und Sojasauce vermengen und ca. 1 Stunde im Kühlschrank marinieren.
> Zwiebeln in den Mixtopf geben, **5 Sek./Stufe 5** zerkleinern.
> Öl zufügen, **3 Min./120°C (Varoma)/Stufe 1** dünsten.
> Mariniertes Fleisch zufügen, **4:30 Min./120°C (Varoma)/LL/SRS** garen.
> Zucchini längs vierteln, in Stücke schneiden und in den Varoma geben.
> Zucchini salzen, Einlegeboden einsetzen und die Champignons darauf verteilen.
> Wasser, Brühe und Salz in den Mixtopf zufügen, Varoma aufsetzen und **18 Min./Varoma/LL/SRS** garen.
> Währenddessen Tomatenmark, Mehl und Cremefine verrühren.
> Varoma abnehmen und den Inhalt kurz warm halten.
> Cremefinemischung zufügen, **2 Min./Varoma/LL/Stufe 0,5 (SRS)** kochen.
> Champignons zufügen und nochmals **3 Min./100°C/LL/SRS** kochen.
> Währenddessen die Eierknöpfle in einer beschichteten Pfanne anbraten.
> Das Filetgeschnetzelte zusammen mit den Zucchini und den Spätzle anrichten.

Nährwerte/Portion: 454 kcal | EW 45,76 g | F 10,32 g | KH 43,63 g

# Zucchini-Reis-Torte

**7** pro Stück

## Zutaten für 6 Stücke

| | | | |
|---|---|---|---|
| 80 g | Parmesan, in Stücken | 2 | Eier, Gr. M |
| 120 g | Zwiebel, in Stücken | 200 g | Parboiled Reis, gewaschen |
| 5 g | Olivenöl | 330 g | Wasser |
| 550 g | Zucchini, in Stücken | 2 Tl | Gemüsebrühe, Instant |
| 5 g | Petersilie, frisch | ½ Tl | Pfeffer |
| 200 g | Kochschinken, in Scheiben | ¼ Tl | Curry |

## Zubereitung

› Backofen auf **200°C Ober-/Unterhitze** vorheizen.
› Parmesan in den Mixtopf geben, **6 Sek./Stufe 7** zerkleinern und umfüllen.
› Zwiebeln in den Mixtopf geben, **3 Sek./Stufe 5** zerkleinern.
› Öl zufügen, **2 Min./Varoma/Stufe 1** dünsten.
› Zucchini und Petersilie zugeben, **4 Sek./Stufe 5** zerkleinern.
› Schinken in kleine Karos schneiden und zusammen mit den restlichen Zutaten sowie dem Parmesan zufügen, **1 Min./LL/Stufe 3** vermengen.
› Eine Springform (ø ca. 28 cm) mit feuchtem Backpapier auslegen, so dass nichts herauslaufen kann.
› Die Zucchinimasse einfüllen und für **ca. 50–60 Minuten** backen, bis die Flüssigkeit vollständig aufgesogen ist.
› Die Zucchini-Reis-Torte vor dem Schneiden kurz abkühlen lassen.

Nährwerte/Stück: 273 kcal | EW 17,80 g | F 8,80 g | KH 30,00 g

# Dinkelflammkuchen

**8** pro Portion

## Zutaten für 4 Portionen

Teig
- 250 g Dinkelvollkornmehl
- 1 P. Trockenhefe
- 160 g Wasser, lauwarm
- 1 Tl Salz

Belag
- 100 g Crème légère
- 80 g Frischkäse, 0,2 %
- 20 g Milch, 1,5 %
- ½ Tl Salz
- ¼ Tl Pfeffer

zusätzlich
- 2 rote Zwiebeln, halbiert in Ringe geschnitten
- 75 g Katenschinkenwürfel, mager
- 1 El Schnittlauch, in Ringe geschnitten
- 1 El Petersilie, gehackt

## Zubereitung

Teig
› Alle Zutaten in den Mixtopf geben, **2 Min./Teigstufe** vermengen.
› Den Teig zu einer Kugel formen und in einer Schüssel abgedeckt an einem warmen Ort ca. 45 Minuten gehen lassen.
› Backofen auf **200°C Ober-/Unterhitze** vorheizen.

Belag
› Alle Zutaten in den Mixtopf geben, **10 Sek./Stufe 3** vermengen.
› Den Teig auf einem mit Backpapier ausgelegten Backblech ausrollen und mit dem Belag bestreichen.
› Die Zwiebeln und die Schinkenwürfel darauf verteilen.
› Den Flammkuchen für **ca. 12–15 Minuten** backen und vor dem Servieren mit den Kräutern bestreuen.

Nährwerte/Portion: 312 kcal | EW 15,58 g | F 5,87 g | KH 47,80 g

# Putencurry mit Blumenkohl

**8** pro Portion

## Zutaten für 4 Portionen

- 1000 g   Wasser
- 2 Tl   Salz
- 500 g   Blumenkohl, in Röschen

**Putencurry**
- 3 St.   Lauchzwiebeln, in Stücken
- 2 Tl   Öl
- 700 g   Putengeschnetzeltes
- 1 Tl   Salz, flach
- ½ Tl   Pfeffer
- 4 El   Mehl
- 1½ Tl   Currypulver
- 350 g   Milch, 1,5 %
- 100 g   Garwasser
- 100 g   Frischkäse, 2 % Fett
- ¼ Tl   Muskatnuss, gemahlen
- 70 g   Gouda, 30 % Fett, gerieben

## Zubereitung

› Wasser und Salz in den Mixtopf füllen und den Blumenkohl in den Varoma geben.
› Varoma aufsetzen und **23–25 Min./Varoma/Stufe 1** bissfest garen.
› Varoma abnehmen, Inhalt warmhalten und das Garwasser umfüllen.

**Putencurry**
› Lauchzwiebeln in den Mixtopf geben, **5 Sek./Stufe 5** zerkleinern.
› Öl zufügen und **2:30 Min./120 °C (Varoma)/Stufe 1** dünsten.
› Fleisch mit Salz und Pfeffer würzen, zugeben und **4 Min./120 °C (Varoma)/LL/Stufe 1** dünsten.
› Mehl und Curry zufügen und mit dem Spatel vermengen.
› Die restlichen Zutaten ebenfalls zufügen, **3 Min./100 °C/LL/Stufe SRS** garen, dabei 1 mal nach der Hälfte der Zeit mit dem Spatel vermengen.
› Die Sauce über den Blumenkohl geben und vermengen.

Nährwerte/Portion: 227 kcal | EW 23,27 g | F 8,65 g | KH 13,44 g

# Bologneseauflauf

**11** pro Portion

### Zutaten für 4 Portionen

| | | | |
|---|---|---|---|
| 90 g | Zwiebeln, in Stücken | 400 g | Tatar, roh |
| 160 g | Karotten, in Stücken | ½ Tl | Pfeffer |
| 120 g | Zucchini, in Stücken | 2 Tl | getr. Oregano, flach |
| 1 | Knoblauchzehe | ½ Tl | getr. Thymian, flach |
| 10 g | Olivenöl | ½ Tl | Paprika, edelsüß |
| 370 g | Wasser | | zusätzlich |
| 500 g | Tomaten, stückig | 250 g | Nudeln, z.B. Korkzieher trocken |
| 1½ Tl | Gemüsebrühe, Instant | | |
| 1½ Tl | Salz | 80 g | Gouda, 30% Fett, gerieben |

### Zubereitung

› Zwiebeln, Karotten, Zucchini und Knoblauch in den Mixtopf geben, **5 Sek./Stufe 5** zerkleinern.
› Öl zufügen, **5 Min./120°C (Varoma)/LL/Stufe 2** dünsten.
› Backofen auf **200°C Ober-/Unterhitze** vorheizen.
› Wasser, Tomaten, Brühe und Salz zufügen, **13 Min./100°C/LL/Stufe 1** garen und währenddessen, wenn die Soße zu kochen beginnt, den Tatar bröckchenweise über die Deckelöffnung zufügen.
› Gewürze zugeben und mit dem Spatel vermengen.
› Die Nudeln in eine Auflaufform geben, die Sauce darüber gießen und etwas vermengen.
› Den Auflauf mit Käse bestreuen und für **ca. 30–40 Minuten** backen.

Nährwerte/Portion: 466 kcal | EW 38,13 g | F 11,42 g | KH 51,25 g

# Germknödel

**11** pro Portion

## Zutaten für 4 Portionen

**Teig**
- 100 g    Milch, 1,5%
- 1 P.    Hefe, trocken
- 10 g    Zucker
- 10 g    Halbfettbutter, 39%
- 250 g    Mehl, 405er
- 1    Ei

**Zwetschgensauce**
- 550 g    reife Zwetschgen, entsteint u. halbiert
- 1 Tl    Zimt

**Vanillesauce**
- ½ Pckg.    Vanillepuddingpulver (FP)
- 300 g    Milch, 1,5%
- 10 g    Zucker

**zusätzlich**
- 500 g    Wasser
- 2    Zwetschgen, halbiert

## Zubereitung

**Teig**
- › Milch, Zucker, Butter und Hefe in den Mixtopf geben, **1:30 Min./100°C/Stufe 1** erwärmen.
- › Mehl und Ei zufügen, **2:30 Min./Teigstufe** kneten.
- › Den Teig in 4 Stücke teilen, jedes Stück in der Hand zu einem Fladen drücken, eine halbe Zwetschge hineinlegen und zu einer Kugel formen.
- › Die Kugeln in den Varoma legen und für ca. 45 Minuten zugedeckt gehen lassen.

**Zwetschgensauce**
- › Alle Zutaten in den sauberen Mixtopf geben, **5 Min./100°C/LL/Stufe 1** kochen.
- › Die Sauce umfüllen und warm halten.

**Vanillesauce**
- › Alle Zutaten in den sauberen Mixtopf geben, **10 Sek./Stufe 3** vermengen.
- › Die Sauce **5 Min./100°C/Stufe 1** kochen, umfüllen und warm halten.
- › Wasser in den sauberen Mixtopf einfüllen, Varoma aufsetzen und **25 Min./Varoma/Stufe 2** garen.
- › Die Dampfnudeln zusammen mit den beiden Saucen anrichten und servieren.

**Tipp** *Sie können auch andere Früchte verwenden. Wichtig ist, dass es süße reife Früchte sind, da in der Sauce kein zusätzlicher Zucker verwendet wird.*

Nährwerte/Portion: 398 kcal | EW 12,79 g | F 4,88 g | KH 74,54 g

# Gerollter Ofenpfannkuchen mit Zimtquark

**8** pro Portion

## Zutaten für 4 Portionen

Teig
- 300 g    Milch
- 2        Eier
- 20 g     Honig
- 50 g     Mineralwasser
- 100 g    Mehl, 405er
- 1 Tl     Backpulver

zusätzlich
- 400 g    Äpfel, entkernt in Stücken

Zimtquark
- 200 g    Magerquark, bis 0,5% Fett
- 30 g     griechischer Joghurt, 2% Fett
- 2 P.     Vanillezucker
- 1 Tl     Zimt

## Zubereitung

› Backofen auf **220°C Ober-/Unterhitze** vorheizen.
› Alle Teigzutaten in den Mixtopf geben, **15 Sek./Stufe 4** vermengen.
› Den Teig in eine Schüssel umfüllen.
› Äpfel in den Mixtopf geben, **4 Sek./Stufe 5** zerkleinern.
› Die Äpfel zu dem Teig geben und verrühren.
› Den Teig auf einem mit Backpapier ausgelegten Backblech verteilen und für **ca. 30–35 Minuten** backen.
› Währenddessen die Quarkzutaten in den sauberen Mixtopf geben und **10 Sek./Stufe 3** vermengen.
› Den Quark umfüllen und kalt stellen.
› Die Ofenpfannkuchen etwas abkühlen lassen und in 4 Stücke teilen.
› Den Quark auf die Stücke verteilen und verstreichen.
› Jedes Stück aufrollen und nach Belieben dekoriert servieren.

# Ofenstrudel mit Birnen

**4** pro Portion

### Zutaten für 4 Portionen

| | |
|---|---|
| 400 g | Birnen, geschält u. entkernt |
| ½ | Vanilleschote, Mark davon |
| 1 Tl | Zitronensaft |
| 10 g | Honig |
| 30 g | Mandeln, gehackt |
| 4 | Blätter Filoteig |

**Guss**

| | |
|---|---|
| 200 g | Milch, 1,5 % |
| 2 Tl | Halbfettbutter, 39 % Fett |
| 1 Tl | Zucker |
| ¼ Tl | Zimt |

### Zubereitung

› Backofen auf **180 °C Ober-/Unterhitze** vorheizen.
› Birnen in Stücken, Vanillemark, Saft und Honig in den Mixtopf geben, **4 Sek./Stufe 4** zerkleinern.
› Mandeln zufügen und mit dem Spatel vermengen.
› Ein Filoteigblatt ausbreiten, ¼ der Birnen im unteren Drittel darauflegen und das untere Ende darüber klappen. Nun die Seiten einklappen und anschließend einwickeln.
› Den Vorgang mit den anderen Blättern wiederholen und die 4 kleinen Strudel in eine Auflaufform legen.

**Guss**
› Alle Zutaten in den Mixtopf geben, **1 Min./37 °C/Stufe 2** erwärmen.
› Den Guss über die Ofenstrudel gießen und im vorgeheizten Backofen **ca. 20–25 Minuten** goldgelb backen.

*Tipp* Wenn Sie die Strudel gleich einzeln in 4 kleinen Förmchen backen, dann sind sie einfacher zu servieren.

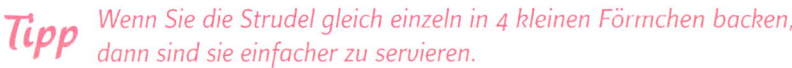

Nährwerte/Portion: 225 kcal | EW 6,18 g | F 7,27 g | KH 33,71 g

# Weiche Nougathappen

**2** pro Stück

**Zutaten für 15 Stück**

| | |
|---|---|
| 200 g | Bananenfruchtfleisch, in Stücken |
| 50 g | Nuss-Nougat-Creme |
| 30 g | Halbfettbutter, 39% Fett |
| 1 Tl | Zucker |
| 150 g | Mehl |
| 25 g | Backkakao |
| 2 Tl | Backpulver |

## Zubereitung

› Backofen auf **180°C Ober-/Unterhitze** vorheizen.
› Banane, Nougatcreme, Butter und Zucker in den Mixtopf geben, **20 Sek./Stufe 4** vermengen.
› Restliche Zutaten zufügen, **10 Sek./Stufe 4** vermischen.
› Mit 2 Löffeln 15 Häufchen auf ein mit Backpapier ausgelegtes Backblech setzen.
› Jedes Häufchen etwas flach drücken und für **ca. 10–12 Minuten** backen.

Nährwerte/Stück: 79 kcal | EW 1,78 g | F 2,29 g | KH 12,57 g

# Waldmeister im Glas

**4** pro Portion

### Zutaten für 4 Portionen

| | |
|---|---|
| 1 Btl. | Götterspeise, Waldmeister (Instantpulver ca. 12 g) |
| 50 g | Wasser |
| 200 g | Frischkäse, 0,2 % |
| 200 g | griechischer Joghurt, 2 % Fett |
| 30 g | Zucker |

zusätzlich
    4 Löffelbiskuit, zerbröselt

## Zubereitung

> Götterspeisepulver zusammen mit dem Wasser in den Mixtopf geben, **2 Min./Stufe 1** quellen lassen.
> Die Götterspeise anschließend **2 Min./90 °C/Stufe 1** auflösen.
> Zum Abkühlen die Götterspeise **4 Min./Stufe 1** rühren.
> Restliche Zutaten zufügen, **1 Min./Stufe 3** vermengen.
> Etwa 2/3 der Brösel auf 4 kleine Gläser verteilen und die Creme löffelweise darauf geben.
> Die Creme mit den übrigen Bröseln bestreuen und für mehrere Stunden im Kühlschrank fest werden lassen.

Nährwerte/Portion: 116 kcal | EW 7,23 g | F 1,10 g | KH 15,88 g

# Bodenloser Bananen-Käsekuchen

**3** pro Stück

### Zutaten für 12 Stücke

| | |
|---|---|
| 4 | Eier |
| 25 g | Halbfettbutter, 39% Fett |
| 200 g | Bananenfruchtfleisch |
| 2 P. | Vanillezucker |
| 1 P. | Vanillepuddingpulver |
| 1 P. | Backpulver |
| 500 g | Magerquark, 0,3% Fett |

### Zubereitung

› Backofen auf **180°C Ober-/Unterhitze** vorheizen.
› Eier trennen, Rühraufsatz einsetzen und das Eiweiß in den Mixtopf geben.
› Das Eiweiß **2 Min./Stufe 3.5** steif schlagen.
› Eischnee umfüllen und Rühraufsatz entfernen.
› Butter in den Mixtopf geben, **1 Min./50°C/SRS** schmelzen.
› Bananen und Vanillezucker zufügen, **10 Sek./Stufe 5** pürieren.
› Restliche Zutaten, ausgenommen Eischnee, zugeben, **1 Min./Stufe 5** aufschlagen.
› Eischnee zufügen und mit dem Spatel unterheben.
› Den Kuchen in eine mit Backpapier ausgelegte Springform (ø 28 cm) einfüllen und für **ca. 45 Minuten** backen.
› Den Kuchen vollständig in der Form auskühlen lassen.

*Tipp* Um die sehr geringe Zuckermenge auszugleichen, können Sie süße Beeren oder Früchte dazu servieren.

Nährwerte/Stück: 99 kcal | EW 7,45 g | F 3,55 g | KH 8,85 g

# Fluffiger Grießbrei mit Beeren

**6** pro Portion

### Zutaten für 4 Portionen

- 300 g Erdbeeren, halbiert
- 80 g Blaubeeren
- 3 Eiweiß
- 450 g Milch
- 40 g Zucker
- 1 Vanilleschote, Mark davon
- 55 g Weichweizengrieß (FP)

zusätzlich
- Zimt nach Belieben

### Zubereitung

› Erdbeeren in den Mixtopf geben, **1 Sek./Stufe 5** zerkleinern.
› Blaubeeren mit dem Spatel untermischen und in eine Schale umfüllen.
› Den Mixtopf fettfrei reinigen und den Rühraufsatz einsetzen.
› Eiweiß zufügen, **2 Min./Stufe 4** steif schlagen, umfüllen und Rühraufsatz entfernen.
› Milch, Zucker, Vanillemark und Grieß in den Mixtopf geben, **5 Sek./Stufe 3** vermischen.
› Den Grießbrei **8 Min./100°C/LL/Stufe 2** kochen.
› Eischnee zufügen, **3 Sek./LL/Stufe 5** unterrühren.
› Den Grießbrei ein wenig auskühlen lassen und dann abwechselnd mit den Beeren in Gläser schichten.
› Den Grießbrei warm oder kalt nach Belieben dekoriert und mit Zimt bestreut servieren.

**Tipp** *Wenn Sie den Zucker durch 1½ Tl Süßstoff ersetzen, sind es nur 4 pro Portion.*

Nährwerte/Portion: 208 kcal | EW 9,02 g | F 4,61 g | KH 31,26 g

# Russischbrot-Beeren-Quark

**5** pro Glas

### Zutaten für 4 Gläser

| | |
|---|---|
| 60 g | Russisch Brot (Kekse) |
| 220 g | Johannisbeeren, entstielt |
| 250 g | Magerquark, 0,3% |
| 100 g | Joghurt, 0,1% |
| 20 g | Zucker |

## Zubereitung

> Kekse in den Mixtopf geben, **6 Sek./Stufe 5** zerkleinern und umfüllen.
> Johannisbeeren **5 Sek./Stufe 8** pürieren, nach unten schieben und nochmals **5 Sek./Stufe 8** pürieren.
> Quark, Joghurt und Zucker zufügen, **20 Sek./Stufe 3–4** vermengen.
> Den Quark abwechselnd mit den Keksbröseln in Gläser schichten.

*Tipp* Sie können auch ganz nach Belieben anderes Obst verwenden.

Nährwerte/Glas: 157 kcal | EW 10,06 g | F 1,50 g | KH 23,78 g

# Bananen-Nougat-Creme

**5** pro Portion

### Zutaten für 4 Portionen

| | |
|---|---|
| 250 g | Magerquark, bis 0,5% Fett |
| 2 | Bananen (ca. 200 g), in Stücken |
| 50 g | Nussnougatcreme (FP) |
| 120 g | Joghurt, 2% Fett |
| 60 g | Frischkäse, 0,2% Fett |

zusätzlich

| | |
|---|---|
| 1 | Banane, in Scheiben |

## Zubereitung

> Quark und Bananenstücke in den Mixtopf geben, **15 Sek./Stufe 4** vermischen.
> Den Bananenquark in 4 Gläser umfüllen und den Mixtopf reinigen.
> Nussnougatcreme, Joghurt und Frischkäse in den Mixtopf geben, **15 Sek./Stufe 3** vermischen.
> Die Bananenscheiben auf dem Quark verteilen und darauf wiederum die Nougatmischung verteilen.
> Die Bananen-Nougat-Creme bis zum Verzehr kalt stellen.

Nährwerte/Portion: 263 kcal | EW 11,69 g | F 8,40 g | KH 33,34 g

# Raum für Ihre Notizen